AF357750

BIJOUX

OBJETS VARIÉS

Paire de Vases montés en bronze du temps de Louis XVI

TABLEAUX

Anciennes Tapisseries

EXPOSITION PUBLIQUE

LE JEUDI 9 FÉVRIER 1899

DE UNE HEURE ET DEMIE A CINQ HEURES ET DEMIE

COMMISSAIRE-PRISEUR

Mᵉ LÉON TUAL

56, rue de la Victoire, 56

EXPERTS

MM. MANNHEIM

7, rue Saint-Georges, 7

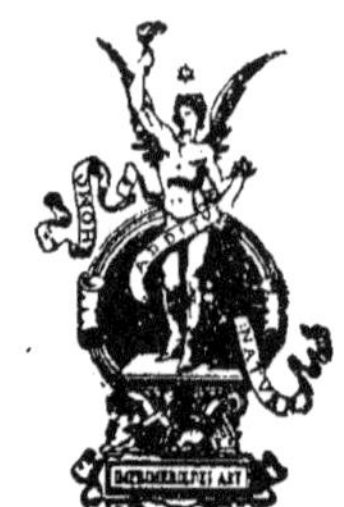
IMPRIMERIE DES ARTS

CATALOGUE

DES

BIJOUX

OBJETS VARIÉS

Paire de Vases montés en bronze du temps de Louis XVI

TABLEAUX

ANCIENNES TAPISSERIES

DONT LA VENTE AURA LIEU

HOTEL DROUOT, SALLE N° 11

Le Vendredi 10 Février 1899

à trois heures précises

COMMISSAIRE-PRISEUR	EXPERTS
Mᵉ LÉON TUAL	**MM. MANNHEIM**
56, rue de la Victoire, 56	7, rue Saint-Georges, 7

EXPOSITION PUBLIQUE

Le Jeudi 9 Février 1899, de 1 heure 1/2 à 5 heures 1/2

CATALOGUE

DES

BIJOUX

OBJETS VARIÉS

Paire de Vases montés en bronze du temps de Louis **XVI**

TABLEAUX

ANCIENNES TAPISSERIES

DONT LA VENTE AURA LIEU

HOTEL DROUOT, SALLE N° 11

Le Vendredi 10 Février 1899

à trois heures précises

COMMISSAIRE-PRISEUR	EXPERTS
Me LÉON TUAL	**MM. MANNHEIM**
56, rue de la Victoire, 56	7, rue Saint-Georges, 7

EXPOSITION PUBLIQUE

Le Jeudi 9 Février 1899, de 1 heure 1/2 à 5 heures 1/2

CONDITIONS DE LA VENTE

Elle sera faite au comptant.

Les Acquéreurs payeront *cinq pour cent* en sus des enchères.

L'exposition mettant le public à même de se rendre compte de l'état et de la nature des objets, aucune réclamation ne sera admise une fois l'adjudication prononcée.

DÉSIGNATION DES OBJETS

BIJOUX, OBJETS DE VITRINE

1 — Bracelet d'or à torsade, monté d'un gros brillant.

2 — Épingle de cravate formée d'une perle fine, montée en or.

3 — Bague jonc, en or, ornée d'une perle fine.

4 — Broche composée d'enroulements avec large chaton au centre, le tout en brillants avec monture en argent et or.

5 — Collier composé de neuf rangs de petites perles reliés par cinq barrettes montées de roses.

6 — Montre de dame à remontoir en or et

pavée de roses. Elle est suspendue à une petite broche composée d'enroulements exécutés en brillants et roses et montée en argent et or.

7 — Bague d'or montée d'un brillant.

8 — Bague d'or ornée d'un rang de pierres fines (trois émeraudes et deux brillants) avec petites roses formant entre-deux.

9 — Bague d'or ornée d'une perle grise montée entre quatre brillants.

10 — Bague d'or avec chaton orné d'une perle entourée d'un rang de roses.

11 — Petite broche en forme de croissant exécuté en diamants avec rubis au centre. Monture en or et en argent.

12 — Petite montre-barrette ornée de sept petites perles et de roses. Monture or.

13 — Montre d'homme à remontoir, en or, à

double cuvette, dite chronographe, répétition à minutes, etc.

14 — Petite boîte ovale et lobée en or émaillé en plein à fond violacé. Sur le dessus, trophée d'instruments de musique en couleurs et, au fond, groupe de fruits et de fleurs.

15 — Bague-marquise ornée d'une miniature : Portrait de Femme.

16 — Deux brillants, accompagnés de leurs montures, pour boucles d'oreilles.

OBJETS DIVERS

17 — Deux vases avec leurs couvercles, en ancienne porcelaine de Paris, à médaillons de fleurs sur fond bleu ; garnitures de bronze composées d'un piédouche, d'une bordure ajourée, de deux anses ornées de feuilles et d'un bouton de couvercle du temps de Louis XVI. Ils faisaient partie des collec-

tions du comte de Provence et furent achetés
à sa vente en 1792.

Haut., 35 cent.

18 — Paire de chenets, du temps de Louis XVI,
en bronze, à décor de vases ornés de dra-
peries sur base à feuillages.

19 — Console en bois sculpté et doré, à décor
d'entrelacs, feuillages et fleurs de lis ; elle
repose sur deux pieds contournés reliés par
une traverse à coquille. Dessus de marbre.
Style Régence.

20 — Deux hallebardes.

TABLEAUX

21 — BOILLY (Attribué à). *Portrait d'Homme.*

22 — ÉCOLE FRANÇAISE. *Portrait de Femme,* en
buste. Toile. Encadré.

23 — ÉCOLE FRANÇAISE. *Portrait d'Homme.* Pas-
tel.

24 — ÉCOLE FRANÇAISE. *Portrait d'Enfant.*

25 à 28 — *Quatre Portraits d'Hommes et de Femmes*. (Ce lot sera divisé.)

TAPISSERIES

RIDEAUX, TAPIS

29 — Tapisserie-verdure du xvie siècle; bordure, en bas, d'imitation de tapisserie au point. Bandeau et encadrement assorti en imitation de tapisserie au point.

> Haut., 2 m. 10 cent.; larg., 2 m. 90 cent.

30 — Tapisserie-verdure, avec oiseaux et habitations, xvie siècle; en bas, bande et bordure du xviiie siècle.

> Haut., 2 m. 65 cent.; larg., 1 m. 55 cent.

31 — Tapisserie du xviie siècle : Allégorie de la Fortune, composition de personnages et d'amours. Bordures de toile peinte.

> Haut., 2 m, 70 cent.; larg., 3 mètres.

32 — Tapisserie du xviiie siècle : Paysage présentant une paysanne occupée à traire une vache; bordures du xviie siècle, à fruits, mas-

carons et cartouches ; bande de toile peinte, en bas.

Haut., 2 m. 85 cent.; larg., 2 m. 3o cent.

33 — Tapisserie du xviiie siècle, composée de fragments de verdures ; bordures de fleurs, paniers et oiseaux, à fond marron.

Haut., 1 m. 65 cent.; larg., 3 m. 5 cent.

34 — Fragment de tapisserie du xviiie siècle : arbres et arbustes : bordures de deux côtés, à fleurs, sur fond clair.

Haut., 2 m. 6o cent.; larg., 1 m. 5 cent.

35 à 41 — Suite de sept tapisseries du xviiie siècle : verdures avec oiseaux, cours d'eau, habitations ; bordures de rinceaux, feuillages et petits cartouches contenant des flèches et des cœurs, sur fond bleu, avec couronnes de comtes aux angles. Plus deux fragments.

Hauteurs : 2 m. 9o cent.
Larg., 3 m. 85 cent.
Larg., 1 m. 95 cent.
Larg., 1 m. 75 cent.
Larg., 1 m. 8o cent.
Larg., 1 m. 65 cent.
Larg., 1 m. 25 cent.
Larg., 2 m. 6o cent.

42 — Deux fragments, provenant d'une tapisserie du xviiie siècle : verdure. Bordures sur trois côtés, de carquois, fleurs, flèches, rubans, sur fond marron.

Haut., 3 m. 20 cent.
Largeur totale, 2 m. 20 cent.

43 — Environ onze fragments et bandes de tapisserie.

44 — Tapisserie au point : vase, treille, guirlandes, colonnes torses. xviie siècle.

Haut., 2 m. 35 cent.; larg., 1 m. 80 cent.

45 — Deux rideaux de peluche.

46 — Tablette de cheminée, garnie de tapisserie au point, avec encadrement assorti.

47 — Tablette de cheminée et deux petits rideaux en panne verte ; bordure de tapisserie au point du xviie siècle, à personnages, sur fond noir.

48 — Tapis de Smyrne, à fond rouge.

49 — Tapis de Smyrne, à fond jaune.

5o — Tapis, à fond grenat.

PARIS — IMPRIMERIE DE L'ART

E. Moreau et Cⁱᵒ, 41, rue de la Victoire.